BUNNY CAKES

Edición en español

Rosemary Wells

Para Ann Tobias

mhreadingwonders.com

Copyright © 1997 by Rosemary Wells
Published by arrangement with Viking Children's Books, a division of
Penguin Young Readers Group, a member of Penguin Group (USA) Inc.
All rights reserved.

No part of this publication may be reproduced or distributed in any form
or by any means, or stored in a database or retrieval system, without
the prior written consent of McGraw-Hill Education, including, but not
limited to, network storage or transmission, or broadcast for distance learning.

Send all inquiries to:
McGraw-Hill Education
Two Penn Plaza
New York, New York 10121

ISBN: 978-0-07-901369-9
MHID: 0-07-901369-4

Printed in China

2 3 4 5 6 DSS 26 25 24 23 22

Es el cumpleaños de la abuela.

Max le hace un pastel de cumpleaños de gusanos.

—No, Max —le dice su hermana Ruby—. Vamos a hacerle un rico
y esponjoso pastel de ángel, cubierto con merengue de frambuesa.

Max quiere ayudar.

—Max, no toques nada —le advierte Ruby.

Demasiado tarde.
Ruby manda a Max a la tienda
con una lista que dice:

Max quiere malvaviscos rojos para su pastel de gusanos.

Así que añade a la lista malvaviscos rojos.

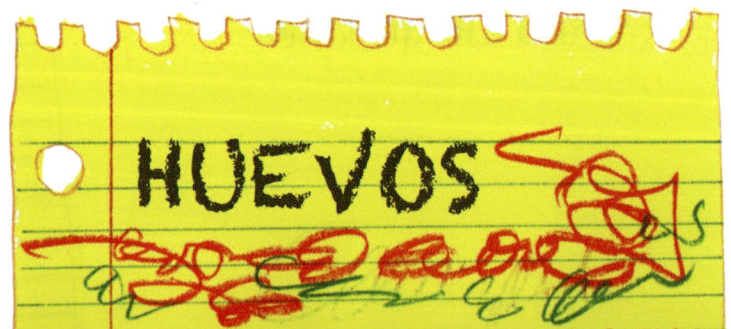

El dependiente no entiende la letra de Max.

—¡Huevos! —dice, y le da un cartón de huevos a Max.

Max le entrega los huevos a Ruby.

—¡No muevas la mesa! —le pide Ruby.

Demasiado tarde.

Ruby manda otra vez a Max a la tienda con una lista que dice:

Esta vez Max escribe malvaviscos rojos de otra manera.

Max espera ansioso sus malvaviscos rojos,
pero el dependiente no entiende la letra de Max.
—¡Leche! —dice, y le da a Max una botella de leche.

Max entra en la cocina con la botella de leche.

—¿Ves esa línea amarilla en el suelo? —le pregunta Ruby—.

Eso quiere decir que no puedes pasar de esa línea.

Pero Max no escucha y cruza la línea,
y hace que el saco de harina caiga al suelo.
Nuevamente Ruby saca su lápiz y escribe:

Esta vez Max escribe malvaviscos rojos con su mejor letra.

A Max se le hace la boca agua pensando en los malvaviscos rojos.

—¡Harina! —dice el dependiente, y le da un saco de harina.

Cuando Max regresa a casa, se encuentra un aviso en la puerta de la cocina.
—Max, la cocina no es lugar para ti —le dice Ruby.

Ruby termina de hacer el pastel.

Lo hornea, lo deja enfriar y finalmente lo cubre con un delicioso merengue de frambuesa.

—Max, le hace falta algo más —señala Ruby.

Velitas de cumpleaños, estrellitas de plata, corazones de azúcar, rositas de merengue, anota Ruby.

Mientras tanto, a Max se le ocurre una nueva idea.

VELITAS DE CUMPLEAÑOS
ESTRELLITAS DE PLATA
CORAZONES DE AZÚCAR
ROSITAS DE MERENGUE

Hace un dibujo de los malvaviscos rojos en la lista de Ruby y corre loco de contento hacia la tienda arrastrando su carrito.

—¡Velitas de cumpleaños, estrellitas de plata, corazones de azúcar, rositas de merengue! —lee en voz alta el dependiente—. ¿Y esto qué es? ¡Ah, deben de ser malvaviscos rojos!

El pastel de Ruby ha quedado precioso.

Max sale al jardín y cubre su pastel de gusanos con un rico merengue de orugas.

La abuela está tan sorprendida que no sabe qué pastel comer primero.

a stick until the treats drop to the ground. *Piñatas* come in different shapes like animals, trucks, soccer balls, unicorns, and cartoon characters.

PLATOS: Plates or serving dishes.

PONCHO: A blanket-like coat with a hole for the head, worn over the shoulders.

RISTRA: Bundles of red chiles, known as *ristras*, often hang on long strings in Mexican kitchens. They are used for flavoring and making sauce, or salsa.

SERAPE: A long, rectangular piece of wool cloth worn around the shoulders or used as a blanket. *Serapes* usually have dark backgrounds with brightly colored stripes, and fringe on the ends.

TAMALES: Packets of steamed cornmeal dough often filled with meat or cheese, wrapped in corn husks or banana leaves.

TORTILLAS: A thin, flat circle of pressed cornmeal, cooked on a griddle.

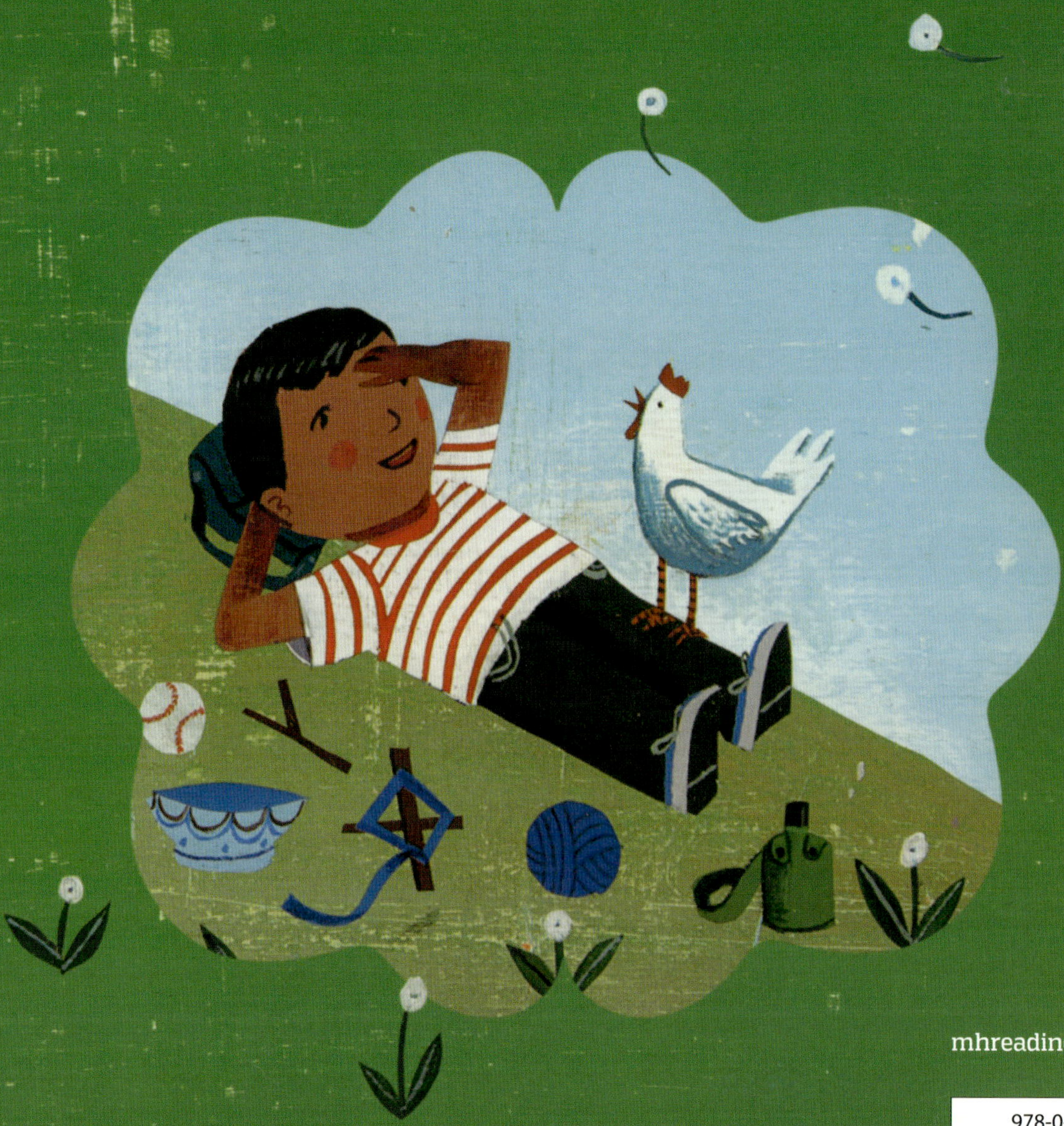

mhreadingwonders.com

978-0-07-678751-7
MHID 0-07-678751-6

McGraw Hill Education